笑顔輝け 中学生

文 銭谷《ぜにたに》 宥司《ゆうじ》
絵 黒岩《くろいわ》 多貴子《たきこ》

文芸社

笑顔輝け 中学生

文　銭谷《ぜにたに》 宥司《ゆうじ》　絵　黒岩《くろいわ》 多貴子《たきこ》

はじめに

新入生の皆《みな》さん、入学おめでとう！
今日から中学生。
夢《ゆめ》と希望《きぼう》に胸《むね》をふくらませた出発です。
新しい教科書。
新しい先生。
新しい友達。
学校行事、学級活動、部活動……。
新しい学校生活が待っています。

入学の喜びとともに不安もあります。
前を向いて根気よく努力を続けるところに、不安が消えて自信が湧《わ》いてきます。

中学生らしく、胸《むね》を張ってファイトでぶつかっていきましょう。

たがいに信じあい、思いやり、
心が通いあう友情を育てましょう。
励《はげ》ましあい、磨《みが》きあい、
明るく生き生きとした学校生活を送りましょう。

がんばれ中学生！

目次

入学おめでとう

新しい制服《せいふく》
新しい教科書
教科で変わる先生
共に学ぶ仲間たち

さあ、今日から中学生
明るく生き生きとした
学校生活を送ろう

太陽のように明るく

「心に太陽を持て」という詩があります。皆《みな》さんに勇気と元気をあたえてくれる、すばらしい詩です。読んでみましょう。

心に太陽を持て

心に太陽を持て。
あらしが　ふこうと、
ふぶきが　こようと、
天には黒くも、
地には争いが絶えなかろうと、
いつも、心に太陽を持て。

くちびるに歌を持て、
軽く、ほがらかに。
自分のつとめ、
自分のくらしに、
よしや苦労が絶えなかろうと、
いつも、くちびるに歌を持て。

苦しんでいる人、
なやんでいる人には、
こう、はげましてやろう。
「勇気を失うな。
くちびるに歌を持て。
心に太陽を持て。」

ドイツの詩人　ツェーザル・フライシュレン作
『心に太陽を持て』（山本有三　新潮文庫）より

太陽には、
昇《のぼ》る朝日のすがすがしさ、
真昼《まひる》の明るさ、燃《も》える活気《かっき》、
沈《しず》む夕日の美しさがあります。

太陽のように
明るく暖《あたた》かく、
活気に満《み》ちた
中学生活を送りましょう。

あいさつは「ふれあいのかけ橋」

「ふれあい」のはじめは、まず「あいさつ」を交《か》わすことです。

そして「あいさつ」は、ただ言葉を通じさせるだけではありません。「ふれあいのかけ橋」ともいって、たがいに心を開いて気持ちを通じさせます。

「おはよう」「こんにちは」「さようなら」「ありがとう」「すみません」というあいさつ語は、日常《にちじょう》生活で使われている日本の美しい言葉です。

明るく素直《すなお》にあいさつを交《か》わし、ふれあいを深め、望ましい友人関係を育てましょう。

あいさつ語は、毎日心がけて使っていると身につきます。

あいさつを交《か》わそう

おはよう
こんにちは
さようなら
ありがとう
すみません

あいさつは
ふれあいのかけ橋

ホタルの友情《ゆうじょう》

小学校でも聞いたことがあると思いますが、『とべないホタル』（小沢昭巳　ハート出版）の物語を少し話します。

ホタルの子どもたちが、サナギからかえり、はじめてとびたつときが来ました。

しかし、一匹《いっぴき》のホタルは羽がやけどしたように、ちぢんでとべません。

どうして、ぼくだけがとべないのかと悲しみます。

仲間たちもはげましますがどうしてもとべません。

とべないホタルは、ネコヤナギの木の枝《えだ》にのぼり、せめて夜空の星や港《みなと》の町の灯《ひ》を見たいと努力します。

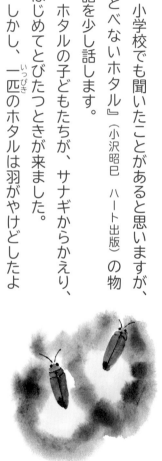

ある夜、足が弱くて外に出ることができない妹のひろちゃんにホタルを見せてやりたいと、仲のよいお姉さんとお兄さんがホタルをとりに来ました。

そして、お兄さんがネコヤナギにとまっているとべないホタルを見つけ、しのびよって手を出しました。

そのとき、一匹《いっぴき》のホタルがその手にとまりました。とべないホタルに代わって仲間のホタルが身代わりになって、すすんで男の子の手にとまってあげたのです。

とべないホタルは、「ぼくを助けるために、身代わりになってくれたんだ」とわかって涙《なみだ》を流します。

そして、仲間たちが見守ってくれていたことを知り、たとえとべなくても、仲間と認《みと》めてくれていたことに気づき、ちぢんだ羽など気にしなくてもいい……と心を開いていきます。

身代わりになったホタルは、ひろちゃんの寝《ね》ている部屋で、うんとおしりを光らせてとびまわります。

そして、迎《むか》えに来た仲間たちとホタルの宿《やど》に無事《ぶじ》戻《もど》ってきました。とべないホタルを、仲間として支《ささ》えてきたホタルたちの思いやりの心に、感動《かんどう》をします。

また、ひろちゃんにホタルを見せてやったお姉さんとお兄さんの優《やさ》しい心にも心をうたれます。

皆《みな》さんも新しいクラスで仲間作りをしますが、クラスは先生と生徒が一緒《いっしょ》になって作る学校での家庭です。

いじめを生みだすのもクラスなら、いじめられている友を救いだすのもクラスです。

認《みと》めあい　支《ささ》えあって、このホタルの仲間のような素晴《すば》らしい仲間作りをしてほしいと思います。

友情《ゆうじょう》の輪《わ》を広げよう

明るい心
励《はげ》ましあう心
思いやる心

信じあう心
正しあう心
磨《みが》きあう心

「ゆとり」と「ふれあい」

「ゆとり」と「ふれあい」の大切さについて考えてみましょう。

『モモ』（ドイツの作家ミヒャエル・エンデ著　大島かおり訳　岩波書店）という物語があります。

この作品は時間どろぼうから、盗まれた時間を人間にとり返してくれた女の子「モモ」の不思議《ふしぎ》な物語です。

物語の中に、時間貯蓄《ちょちく》銀行から、灰色《はいいろ》の男が、評判《ひょうばん》のいい床屋《とこや》のフージーさんを訪《おとず》れて「あなたは母の世話に一時間、インコの世話に十五分、買物に一時間、窓辺《まどべ》で一日のことを思うのに十五分、それに毎週の映画《えいが》やコーラスに行く時間は無駄《むだ》ですよ」

「お客の散髪《さんぱつ》に半時間もかけないで十五分ですませなさい。母さんと過《す》ごす時間も半分にして、インコを飼《か》うのをやめて友人とのつきあいもやめて時間を倹約《けんやく》しなさい。すると時間は五年で二倍に、十年で四倍に、十五年で八倍も増《ふ》えますよ」といいました。

フージーさんは、ひとことも口をきかないで、半時間かけていた散髪《さんぱつ》を二十分に切り上げるなどしてはたらきました。

しかし、だんだん落ち着きがなく、怒《おこ》りっぽくなってきました。

フージーさんは、時間を倹約《けんやく》することにより、本当の意味の「ゆとり」や「ふれあいの心」を奪《うば》われ、心の中は貧《まず》しくなっていったようです。

時間とは一体、何でしょうか、時計で計られる時間ではなく、人間の心のうちにある時間と考えると、この頃は人間が人間らしく生きるためのゆとりとふれあいの時間が、だんだん失われているように思いませんか。

この物語のように「よい暮《く》らし」を信じて時間を節約して追い立

てられるようにせかせかと生活してはいませんか。

灰色《はいいろ》の男は、もういなくなったでしょうか。よく考えてください。

皆《みな》さんも日常《にちじょう》生活では、学校でしっかり勉強するとともに、読書・音楽・スポーツなどを楽しむゆとりの時間や、家族や友人たちとの会話などのふれあいについても考えてみましょう。

ルールのはたらき

十八世紀を代表するドイツの哲学者《てつがくしゃ》カントの話として伝えられている次のような話があります。

空を飛《と》んでいる鳥が、もっともっと自由に遠くへ飛《と》びたい。

しかし、風が邪魔《じゃま》をする、空気が抵抗《ていこう》するので自由に飛べません。

いっそのこと空気のない所（真空《しんくう》の所）へ行きたいと思いました。

そして、空気のない所へ行きました。

はたして、この鳥は、どうなったのでしょう……。

鳥はたちまち飛《と》べなくなって、地面に落ちてしまいました。

そして、本当に、自由に、楽しく飛《と》べるのは、空気をうまく利用して、空気の中で翼《つばさ》を鍛《きた》えることが大切であるとわかったそうです。

皆《みな》さんも、「もっと自由に生活したい」と思ったことがあると思います。

街《まち》に出ても、交通信号などなければよいのに……と思ったことはありませんか。

しかし、交通ルールや信号がなければ、自由に通行できるどころか、交通は大混乱《だいこんらん》して、事故《じこ》が多発《たはつ》するでしょう。

スポーツの楽しさは、一定のルールのもとで、技《わざ》やチームプレーを発揮《はっき》しあうところにあり、観《み》る人を感動《かんどう》させます。

皆《みな》さんも中学生としてのルールを守って、仲間に迷惑《めいわく》をかけないで、明るく、楽しく、そして、伸《の》び伸《の》びとした学校生活を送りましょう。

笑顔に会える学校作りをしよう

毎日が「明るさ」と「やる気」に満ちて笑顔が輝《かがや》いている学校とはどのような学校でしょう。みんなで笑顔に会える学校作りをしましょう。

一、すばらしい仲間作りをしよう

みんなの心が通いあう学級には明るさと笑顔が満ちあふれ、共に伸《の》びようとする友情《ゆうじょう》の輪が広がります。仲間作りができてこそ学校生活は楽しく、学習に集中できます。

たがいに尊敬《そんけい》しあい、認《みと》めあい、信じあう心を育てましょう。

たがいに思いやり、励《はげ》ましあい、支《ささ》えあう心を育てましょう。

二、やる気でまとまる学級作りをしよう

授業《じゅぎょう》をはじめ、学校行事や学級活動など、やる気でまとまる学級には笑顔と元気がみなぎっています。

共に学ぶ心で授業《じゅぎょう》に集中しましょう。

共に協力しあって、係り活動を活発にしましょう。

三、落ち着いて学習できる学校作りをしよう
掃除《そうじ》が行き届いて清潔《せいけつ》で美しい学校は、心が落ち着いて、学習活動に集中できます。

ゴミをなくしましょう。しっかり掃除《そうじ》しましょう。

落ち着いて、授業《じゅぎょう》に集中できる教室作りをしましょう。

みんなの心が
通いあう学級作り

たがいに励《はげ》ましあおう
授業《じゅぎょう》に集中しよう
係り活動を活発にしよう
ルールを守ろう
教室を美しくしよう

いじめのない学校

「笑顔」。それは誰《だれ》もがもっている最も美しく輝《かがや》いた顔です。誰《だれ》もがもっている宝物です。笑顔に会える学校はすばらしい学校です。しかし皆《みな》さん、全員が毎日、笑顔で学校生活を送っているでしょうか……とふと思いました。

皆《みな》さんの中で、一人でも笑顔が消えていれば、とても心配です。とりわけ、いじめや暴力《ぼうりょく》を受けたりして、誰《だれ》もがもっている宝物である「笑顔」が奪《うば》われていれば、大変悲しいことです。

クラスの中で仲間はずしをしたり、無視《むし》したり、いやがらせや、いたずらなどしているのを、見たり聞いたりしてはいませんか？

自分のことを考えてみてください。いじめをしたり、されたりしたことはありませんか？

これらの行為《こうい》は「いじめ」です。

いじめられる側《がわ》にとって、これほどつらくてくやしいことはありません。

「これぐらい」と、許しあっていると、エスカレートして学校全体に広がります。

いじめられる人のつらさや心の痛《いた》みを自分のものとして受けとめ、いじめのない学校生活を全員で作りましょう。

いじめのない学校をよく調べてみますと、先生の指導や、いじめた人の反省もありますが、まわりの仲間がいじめを見たり聞いたりしたときや、「ちょっとおかしい……」といじめのサインを感じたときは、すぐ声に出して態度《たいど》に示して、たがいにチェックしあっています。

このように、まわりの人たちの仲間を思う鋭《するど》い感覚《かんかく》が、いじめのない学校を作っています。

それから、いじめられて、つらい思いをしている人はいませんか……。黙《だま》っているといつまでも続きます。つらくても、思い切って

「いじめはいやだ」と声をあげて言える勇気《ゆうき》をもってほしいと思います。そして、一番心配している家族の皆《みな》さんや先生、友人に、ありのままを伝えて、相談することがとても大切です。

いじめは、弱い者を一方的にいじめることであり、どんな理由があっても許されない行為《こうい》です。

学級は、先生と生徒が一緒《いっしょ》になって作る小さな社会です。皆《みな》さんは学級生活での人とのかかわりやふれあいをとおして、集団《しゅうだん》の中でどのように行動するべきかを学び、成長していきます。

よりよい人間関係を作るには、学級での班《はん》活動や係り活動などの小さなグループで交流を深め、一人ひとりの個性《こせい》や能力《のうりょく》を認《みと》めあい、支《ささ》えあって、思いやりや心の痛《いた》みのわかる豊《ゆた》かな心を育てることが大切です。そして、学級の全員が「全体は一人のために一人は全体のために」と考え、たがいに協力し、励《はげ》ましあって、自分たちの手でよりよい学級を作ることが大切です。「わたしたちの学級には『いじめなし』」を合言葉にして努力を続けましょう。

朝食と健康

皆《みな》さんは、毎日、朝食を食べて登校していますか？
朝食抜《ぬ》きで登校すると、次のような四つの状態《じょうたい》になります。
一、空腹《くうふく》時間が長く、神経《しんけい》が高ぶり、イライラが続きます。
二、朝食というエネルギーを補給《ほきゅう》していないと、朝から疲《つか》れたり、ボンヤリしたり、体温が下がるなど体調が乱《みだ》れて集中力を欠きます。
三、昼食を一度に多くとると、胃に負担《ふたん》をかけます。血液《けつえき》の糖分《とうぶん》を分解《ぶんかい》するインシュリンという物質が不足すると、糖尿病《とうにょうびょう》の原因《げんいん》になったり、また皮下脂肪《ひかしぼう》が増《ふ》えて肥満《ひまん》の原因になったりします。
四、脳《のう》は、二十四時間はたらいて、多くのエネルギーを使います。
このように考えていくと、朝食抜《ぬ》きは体力や体調を崩《くず》し、健康に悪影響を与えることはもとより、学習意欲《いよく》や脳《のう》のはたらきにも関係しています。

朝食を食べて元気に登校しましょう。

また、清涼《せいりょう》飲料の飲みすぎや糖分《とうぶん》やスナック菓子《がし》の食べすぎは、糖分や塩分をとりすぎることになり、いろいろな病気の原因《げんいん》にもなります。

皆さんは成長期の大切な時期です。一日三食、規則《きそく》正しい習慣《しゅうかん》を身につけるとともに、偏食《へんしょく》しないなど自分で気をつけられるようになってください。

歯の健康

元気に生き生きと活動するためには健康《けんこう》であることがとても大切です。

健康の第一は、歯の衛生《えいせい》を保つことからはじまります。

そのためには、虫歯《むしば》の予防《よぼう》と早期《そうき》の治療《ちりょう》が大切です。

虫歯の原因《げんいん》ですが、食べた甘いものや、ご飯などの食べかすが歯の表面に残り、口の中の細菌《さいきん》のはたらきで歯をとかす酸《さん》を作ります。

まず、歯の表面の「ほうろう質《しつ》」がとかされると黒くなってきますが、このときは痛《いた》みはなく、治療《ちりょう》も簡単《かんたん》にすみます。

しかし、ほうろう質《しつ》の内側の「ぞうげ質《しつ》」や「歯《し》ずい」がとかされていくと、痛《いた》みもひどくなり、歯だけでなく、歯を支《ささ》えている骨《ほね》まで悪くしてしまいます。

歯の病気は痛《いた》いだけではなく、胃や腸の病気にもなっていきます。

虫歯の予防《よぼう》のために、次の三つのことを心がけましょう。
一、好《す》き嫌《きら》いなくバランスのとれた食事をしましょう。甘《あま》いものを食べすぎないようにしましょう。
二、食べた後などは、しっかり歯を磨《みが》きましょう。
三、定期的に診察《しんさつ》を受け、虫歯が見つかったら、早い時期に治《ち》療《りょう》しましょう。
皆《みな》さんは、「八〇二〇《ハチマルニイマル》運動」を知っていますか？ 八十歳《さい》になっても二十本以上の自分の歯を保とうという運動です。

二十本以上の歯があれば、食生活はほぼ満足できる状態《じょうたい》を保《たも》てるといわれています。

そのため生涯《しょうがい》自分の歯で食べる楽しみを味わえるように、との願いをこめた運動です。

虫歯の予防《よぼう》の心がけを守り、歯を大切にする意識を高めましょう。

健康チェック

睡眠《すいみん》を充 分《じゅうぶん》にとって
元気に登校していますか
好《す》き嫌《きら》いをしないで
食事をしていますか
歯をよく磨《みが》いて
虫歯を予防《よぼう》していますか

手洗《てあら》いをしていますか
うがいをしていますか

授業《じゅぎょう》に集中しよう

中学校の学習内容《ないよう》は、生涯《しょうがい》にわたって学習していくための基礎《きそ》です。

基礎《きそ》はどこにあるか……というと「授業《じゅぎょう》」の中にあります。

授業《じゅぎょう》を大切に、授業《じゅぎょう》に集中しましょう。

学習は、まず「聞くことからはじめよ」といわれます。

先生や友人の発表などをよく聞き、深く考えることが第一です。

そして実験《じっけん》や実習《じっしゅう》や作業《さぎょう》などは、積極的《せっきょくてき》に取り組みましょう。

「聞いたことは忘《わす》れる」「見たことは覚える」「行ったことは身につく」という中国のことわざがあります。

体験したことは、必ず身につきます。

それから学習は、「続ける」ことが、とても大切です。毎日、コツコツと努力しましょう。

「継続《けいぞく》は力なり」という言葉があります。コツコツと努力を続けると、基礎《きそ》学力が身につきます

基礎《きそ》をマスターしていくと得意技《とくいわざ》や得意教科《とくいきょうか》となり、その人の個性《こせい》となってにじみ出てきます。

そして生きがいにもつながっていきます。

皆《みな》さん、授業《じゅぎょう》に集中して、共に学び、励《はげ》ましあい、誰《だれ》もがもっている素質《そしつ》や可能性《かのうせい》を磨《みが》きあい、高めあいましょう。

授業《じゅぎょう》に集中しよう

自ら求めて学ぶ
心構《こころがま》えが大切

よく聞き
深く考え
活発に発言

天才といわれた人々の勉強方法

『天才の勉強術《べんきょうじゅつ》』（木原武　新潮社）という本を読みました。

モーツァルト、ニュートン、ナポレオン、ピカソなど天才といわれた人々は、どんな勉強方法をしていたのでしょうか。

皆《みな》さんも、この機会《きかい》に「学び方」について考えてください。

音楽家、モーツァルトは「真似《まね》の天才」といわれましたが、バッハやハイドンなどの曲を覚《おぼ》えてしまうほど真似《まね》したそうです。

画家ピカソは「模写《もしゃ》の訓練《くんれん》」をよくしたそうです。模写《もしゃ》とは、名作を写《うつ》すことです。

「あなたは画家として、どんな勉強をしていましたか……」と問われると、「毎日毎日、絵を描《か》くことだ」とも答えています。

ナポレオンは、少年の頃《ころ》、「本屋の本を食いつぶすほど」読書をして読書ノートを作ったそうです。

万有引力《ばんゆういんりょく》などを発見したニュートンは、「いつもいつも、そのことを考えつづける」という持続《じぞく》的な集中力が発見につながっています。

結論《けつろん》として、天才といわれる人々も、生まれながらにして天才だったわけではありません。

- 「真似《まね》」から、はじめています。
- よく読書をしています。

●最後まで、集中して、努力を続けています。

「努力は天才にまさる」という発明王エジソンの言葉があります。皆《みな》さんも、先生方の授《じゅ》業《ぎょう》や教え方に学び、授《じゅ》業《ぎょう》に集中してください。コツコツと努力を継《けい》続《ぞく》することが学力の向上につながります。

がんばりましょう！

定期テストの受け方

皆《みな》さんは、テストについて、どんな考えをもっていますか？「テストの点数によって評価《ひょうか》される」と考えている人もいるでしょう。

でも、評価《ひょうか》をするためだけにテストをするのではありません。テストという機会《きかい》をとおして、学習したことを復習《ふくしゅう》し、知識《ちしき》を自分のものとして定着《ていちゃく》させることに意味があります。

先生のほうも、一生懸命《いっしょうけんめい》教えた内容《ないよう》を、皆《みな》さんがどれだけ身につけているかを知り、これからの授業《じゅぎょう》の参考にすることが、テストの意味です。

わたしも中学生の頃《ころ》、テストが近づくと、先生方が言われた言葉を思い出します。ある先生は、「平素《へいそ》の授業《じゅぎょう》に集中して、しっかりノートをとって、その日その日の復習《ふくしゅう》をしておけば、テストが近

B C
A
1 2 3

づいても、そんなにあわてることはないよ……」と言われました。

ある先生は、「よく教科書を読め、覚《おぼ》えるほど読め……」と教えてくれました。

ある先生は、「大切なところは、まとめをして覚《おぼ》えよ。何回も、何回も書いて覚《おぼ》えよ……」と教えてくれました。

ある先生は、「教科書や、プリントの基本問題《きほんもんだい》や例題《れいだい》をしっかり勉強しておくように……」と教えてくれました。


計画を立てて、テストに取り組んでください。


それから大切なことは、テストを返してもらったときです。

皆《みな》さんが気にするのはできた問題、いわゆる得点《とくてん》です。

しかし、本当に気にしなければいけないのは、得点になっていない「できなかった問題」です。

「なぜ、間違《まちが》ったのか」について、まったくわからなかったのか、部分的にわからなかったのか、努力不足だったのか、不注意だったのか……などをよく見直して、わからなかった問題は、もう一度取り組んで理解《りかい》しておくことが大切です。

このように、テストによって平素《へいそ》の自分の勉強の不充分《ふじゅうぶん》なところを反省して改《あらた》めていくようにすると、知識《ちしき》が自分のものとなるとともに今後の学習にも意欲《いよく》が湧《わ》いてきます。

返していただいた答案《とうあん》をもう一度、しっかりと見直しましょう。

心のブレーキを点検《てんけん》しよう

夏休みなど学校には長い休みがあります。この機会《きかい》を、自分を磨《みが》き、自分を伸《の》ばし、育てる休みにしましょう。

そのためには、次の四つのことを心がけましょう。

一、規則《きそく》正しい生活をして、健康に注意しましょう。

二、計画を立てて宿題や気になる教科の学習をしましょう。

三、個性《こせい》を伸《の》ばす、部活動や趣味《しゅみ》や読書などに取り組みましょう。

四、ふれあいを深める家庭の手伝いや地域《ちいき》の活動などにも取り組みましょう。

しかし、「自由時間」や「心のゆとり」はそのコントロールを怠《おこた》ると、ついつい甘《あま》えた心に負け、自分に負けます。

休みを前に、いま一度、友人も含《ふく》めて心のブレーキを点検《てんけん》しましょう。

友人とは共に楽しく、共に伸《の》びる関係であってほしいと思います。共に泥《どろ》にまみれて、共に倒《たお》れてはいけません。

そのために、おたがいの心のブレーキを点検《てんけん》しあい、友人が心のブレーキがきかないときは、ブレーキをふんであげられる判断力《はんだんりょく》をもってほしいと思います。

有意義《ゆういぎ》な休みを過《す》ごすために、無理《むり》や無駄《むだ》のない計画を立てるとともに「心のブレーキ」を点検《てんけん》しましょう。

油断大敵《ゆだんたいてき》

鎌倉《かまくら》時代、歌人でもある吉田兼好《よしだけんこう》が人間や社会、自然や趣味《しゅみ》など心に思い浮《う》かぶままを書き綴《つづ》った随筆《ずいひつ》『徒然草《つれづれぐさ》』という本に「あやまちは、やすき所に成りて、必ず仕《つかまつ》る事に候《そうろう》」という文章があります。

「失敗というものは、もう安心だと思うところにきたときに、必ずしでかすものです」という意味です。

あるとき、木登りの名人と世間ではいわれている人が、その弟子《でし》を高い木に登らせて梢《こずえ》を切らせていました。

名人は、非常《ひじょう》に危険《きけん》にみえる高い所に弟子がいる間は何もいわず、軒《のき》ほどの高さまで降《お》りてきてから初めて、「けがするな、気をつけて降《お》りろよ」と声をかけました。

弟子は「これくらいの高さなら、とび降《お》りても平気ですよ。どうして今さら注意するのですか」と尋《たず》ねたところ、木登りの名人は「めまいがするほど高く、枝《えだ》も折れそうな所では木に登っている者は自分で気をつけるので、何もいうことはない。むしろ、安全な所へきてから気がゆるみ、けがをしがちだ。難《むずか》しい場面を切り抜《ぬ》けて、安心すると、そこに落とし穴《あな》がある」と言いました。

このことを、卒業前の皆《みな》さんにたとえると、緊張《きんちょう》して受験《じゅけん》し、合格《ごうかく》して、ホッとしたときの気持ちのゆるみが思わぬ事故《じこ》につながる場合があります。

最後《さいご》まで、気をゆるめてはいけません。

最後をビシッと締《し》めくくらないと、今までの努力が駄目《だめ》になってしまいます。油断《ゆだん》せずにがんばりましょう！

生活チェック

規則《きそく》正しい生活が
送れていますか
学習に集中していますか
集団《しゅうだん》生活のルールを
守っていますか
望ましい友人関係が
保《たも》たれていますか

自分を生かす進路《しんろ》選択《せんたく》

自分を生かすためには、どんな進路《しんろ》の選択《せんたく》があるでしょうか。
そのためには、まず「自分を知り」、それから進路《しんろ》に関する「情《じょう》報《ほう》を知る」ことです。

ある会社の社長さんが、海外出張《しゅっちょう》をしたときのお話を聞きました。

その中に、次のような話がありました。

建築現場《けんちくげんば》を通りかかり、そこではたらいている人たちに「どんな建物《たてもの》を建てているのですか」と尋《たず》ねました。

はじめの人は、「見ればわかるでしょう……」とそっけなくやる気のない返事でした。

もう一人の人に聞くと、「ここに立派《りっぱ》な教会を建てているんですよ……」

と生き生きと答えてくれたそうです。

社長さんはこの人に、やる気と生きがいを感じたそうです。

三年生には、進路選択《しんろせんたく》の時期《じき》が迫《せま》ってきています。

人間は、自分の能力《のうりょく》を最大限《さいだいげん》に発揮《はっき》できるとき、最も生きがいを感じます。

本当に自分を生かす道はどんな道か……をじっくり考えましょう。

そのためには、まず「自分を知る」ことが大切です。

自分の性格《せいかく》・能力《のうりょく》・適性《てきせい》・興味《きょうみ》・関心《かんしん》、そして将来《しょうらい》への夢と希望などを知ることです。

それから、進路《しんろ》についての「情報《じょうほう》を知る」ことです。

希望する将来《しょうらい》に向けて、どんな職業《しょくぎょう》があるか、どんな専門《せんもん》学校や高等学校があるかなど、その内容《ないよう》や状況《じょうきょう》を知ることです。

そして、保護者《ほごしゃ》の方や先生によく相談して、最後は自分で決めることです。

自分に一番適《てき》した職場《しょくば》や学校が、自分にとって一番よい職場《しょくば》や学校です。

自分を生かす進路《しんろ》選択《せんたく》

自分を知る

性格《せいかく》　能力《のうりょく》　適性《てきせい》　興味《きょうみ》　関心《かんしん》など

情報《じょうほう》を知る

高等学校　専門《せんもん》学校　職業《しょくぎょう》　職場《しょくば》など

夢《ゆめ》と希望に向かって

自《みずか》ら学ぶ心構《こころがま》えで授業集中《じゅぎょうしゅうちゅう》

励《はげ》ましあい共に伸《の》びる仲間作り

キタキツネの子育て

オホーツク海を臨《のぞ》む北海道にキタキツネが生息《せいそく》しています。
ずっと前ですが『キタキツネ物語』という映画《えいが》を観《み》ました。
母ギツネは、生まれた子ギツネに乳《ちち》を飲ませて育てます。
離乳《りにゅう》すると、巣《す》から連れ出します。
そして、生きた小動物のえさを与《あた》えます。
子ギツネは、えさを追いかけてはえさの取り方を学びます。
少しうまくなると、もう少し大きな動物を与《あた》えます。
子ギツネは、追いかけますが逃《に》げられます。
また追いかけるのですが逃《に》げられてしまいます……。

あきらめて帰ってくると、母ギツネはそのえさをくわえて、また子ギツネの前に置きます。

そして、よほどのことがないかぎり手助けをしません。

子ギツネは、こうした母ギツネの教えをとおして狩《か》りをすることを学びます。

やがて一年後、いよいよ巣離《すばな》れのときが来ます。

母ギツネは、ある日突然《とつぜん》わが子を突《つ》き放《はな》します。子ギツネは、甘《あま》えてすり寄《よ》ってきますが、母ギツネは、牙《きば》をむきかみつきさえして寄せつけません。

子ギツネは、叱《しか》られても、叱《しか》られても親の後を追いますが、母ギツネは残酷《ざんこく》なまでに突《つ》き放《はな》します。

とうとうあきらめた子ギツネは、ひとりで旅立って行く……という物語でした。

鳥の世界でも、親鳥は卵をあたためヒナをかえし、えさを与《あた》えて大切に育てますが、ひとたび巣立《すだ》つときは、決して力を貸《か》しません。

自分の力で飛《と》ばなければいけない厳《きび》しさがあります。

卒業を前にして厳《きび》しい旅立ちの話になりましたが、子の幸せと自立を願わない親はありません。

皆《みな》さんも、今までの子育てに感謝《かんしゃ》するとともに、今までの生活が家族の人々や、先生に頼《たよ》り切っていなかったかを振《ふ》り返り、これからは自分で考え、自分のことは自分で行う心構《こころがま》えをもって、

「よし、自分もがんばるぞ！」

と自立への旅のスタートを切ってほしいと思います。

育てよう、豊《ゆた》かな心

国際《こくさい》社会で生きる皆《みな》さん、世界の国々の文化や生活の違《ちが》いを認《みと》めあい、たがいに尊敬《そんけい》しあい、共に生きてゆくための健《すこ》やかな体と広い豊《ゆた》かな心が求められます。

そのためには、次の詩にある「春、夏、秋、冬」のような心を磨《みが》き、鍛《きた》えて、国際《こくさい》社会に生きるためのパスポートにしましょう。

人に接するときは春のような温《あたた》かい心
仕事をするときは夏のような燃《も》える心
物を考えるときは秋のような澄《す》んだ心
己《おのれ》を責《せ》めるときは冬のような厳《きび》しい心　※

春のような温かい心……とは、「思いやる心」です。

人の立場に立って考える気配《きくば》りや、人の痛《いた》みのわかる優《やさ》しい温《あたた》かい心を育てましょう。

夏のような燃《も》える心……とは、一度決めた目標に向かって積極《せっきょく》的《てき》にチャレンジする勇気《ゆうき》や情熱《じょうねつ》です。粘《ねば》り強く努力してこそ、輝《かがや》く未来が開けます。

秋のような澄《す》んだ心……とは、耳を澄《す》まし、深く考える心です。新しいものを作る創造《そうぞう》力《りょく》や、考える力、表現《ひょうげん》する力を養いましょう。

冬のような厳《きび》しい心……とは、自分を省《かえり》みるときの厳《きび》しい心です。自分のことがキチンとできているか、人に迷惑《めいわく》をかけていないかなど、自分をみつめ自分を振《ふ》り返りましょう。

皆《みな》さんの前途《ぜんと》は明るく洋々としていますが、厳《きび》しい試練《しれん》も待っています。

国際《こくさい》社会の中でたくましく生きるため、しっかりした自立の心とたがいに思いやり、共に生きる優《やさ》しい心を育ててください。

※作者は不《ふ》詳《しょう》ですが豊《ゆた》かな心を育む詩としてとりあげました。

平和の尊《とうと》さ

わが国は、八月十五日を「終戦記念日《しゅうせんきねんび》」として戦争《せんそう》で亡《な》くなった人々をお悔《くや》みするとともに、平和を祈《いの》る日としています。

八十年前、日本やドイツなどと、アメリカやイギリスなどの世界の国々との間で大きな戦争がありました。

太平洋戦争《たいへいようせんそう》といわれるこの戦争で、わが国では、広島市と長崎市に原子爆弾《げんしばくだん》が投下《とうか》され、沖縄《おきなわ》県では日本の領土《りょうど》としては唯一《ゆいいつ》陸上で戦《いくさ》が行われ、多くの兵士《へいし》や市民が亡《な》くなりました。

この戦争は開戦から四年後の昭和二十年八月に終わりました。

広島市の平和記念公園に「原爆《げんばく》の子の像《ぞう》」があります。

高さ九メートルの台の上には折《お》り鶴《づる》をかかげた少女の像《ぞう》が立っています。

この像《ぞう》は、「生きたい」という願いをこめて折《お》り鶴《づる》を折り続けた佐々木禎子《さささきさだこ》さんがモデルです。

昭和二十年八月六日、禎子《さだこ》さんは二歳《さい》七か月のとき、爆心《ばくしん》地から一・六キロメートルの自宅で被爆《ひばく》し、爆風《ばくふう》で飛ばされましたが外傷もなく、元気に成長しました。スポーツが得意で、運動会ではいつもリレーの選手でした。

小学校六年生のとき、原爆症《げんばくしょう》による白血病の診断《しんだん》を受け広島赤十字病院に入院しました。

入院中、名古屋の女子学生から病院にお見舞《みま》いとして送られてきた千羽鶴《せんばづる》がきっかけとなり、「生きたい」という願いをこめて薬の包み紙などで折《お》り鶴《づる》を折り続けました。しかし、体調は次第に悪くなり、八か月の入院後の昭和三十年十月二十五日に亡《な》くなりました。十二歳《さい》九か月の短い命でした。折った鶴《つる》の数は千五百羽に近づいていました。

禎子《さだこ》さんが亡《な》くなってから、禎子《さだこ》さんはじめ原爆《げんばく》で亡《な》くなった子どもたちの死をいたむ像《ぞう》を作ろうと、禎子《さだこ》さんの小学校の同級生はじめ、広島市内の小・中・高校をふくんだ「広島平和をきずく児童・生徒の会」による募金《ぼきん》活動が行われました。募金《ぼきん》は全国から寄《よ》せられ、禎子《さだこ》さんが亡《な》くなってから三年後、平和公園に「原爆《げんばく》の子の像《ぞう》」として完成しました。

中央には、日本で初めてノーベル賞を受賞した湯川秀樹《ゆかわひでき》博士《はくし》から贈《おく》られた銅製《どうせい》の鐘《かね》が取りつけられ、「地に空に平和」「千羽鶴《せんばづる》」と博《は》士《くし》の文字が刻まれています。

千羽鶴《せんばづる》は、平和のシンボルとして日本各地や世界各国からも送られ、修学《しゅうがく》旅行生からもささげられています。

この戦争の反省と、平和への願いが高まる中で、世界の国々が相談し、不幸な戦争が再び起こらないように、さらに、人類《じんるい》の文化をもっと発展《はってん》させたい、などの願いをもとに、世界の国々が協力する国際連合《こくさいれんごう》が結成《けっせい》されました。

その国際連合《こくさいれんごう》で、戦争が起こる原因《げんいん》は、人類がたがいの「基本的《きほんてき》人権《じんけん》」を大切にしないところにあるという反省から、世界の国々のすべての人々が守らなければならない、人権《じんけん》に関する「世界人権宣言《せかいじんけんせんげん》」が決議《けつぎ》されました。

「基本的人権《きほんてきじんけん》」とは、すべての人が生まれながらに持っている人間としての権利《けんり》で、一人ひとりの個性《こせい》を尊重《そんちょう》し、平等に、自由に、人間らしく生きるための誰《だれ》もが侵《おか》すことのできない永久《えいきゅう》の権利《けんり》です。

しかしながら、人権《じんけん》を尊重《そんちょう》しあい、人間らしく生きるために解決《かいけつ》しなければならない課題《かだい》が、世界でも日本でも多くあります。

「いじめ」は、受ける人の生活や学習する権利《けんり》、ときには生きる権利《けんり》までを奪《うば》う、絶対《ぜったい》に許されない行為《こうい》です。

「いじめ」がなくならないのは、思いやりや仲間意識《なかまいしき》や連帯感《れんたいかん》が育っていないことに原因《げんいん》があります。

おたがいの人権《じんけん》を尊重《そんちょう》しあい、すべての人が人間らしく幸せになれるよう、まずわたしたちは、「いじめ」をなくすことからはじめましょう。

人権《じんけん》を尊重《そんちょう》しあおう

人を大切に
自分を大切に

たがいに相手の立場に立って
豊《ゆた》かな人間関係を作ろう

ボランティアの心を育てよう

わが国は、台風や大雨、地震《じしん》、火山噴火《ふんか》など自然災害《さいがい》の多い国です。

大災害《だいさいがい》は、一瞬《いっしゅん》のうちに、人を、家を、街《まち》を奪《うば》います。

二〇一一年三月十一日に発生した東日本大震災《だいしんさい》と呼ばれる地震《じしん》では、津波《つなみ》による大きな被害《ひがい》を受け、多くの人々の命が奪《うば》われました。

被災《ひさい》した方々は、家族を失い、家屋《かおく》を失う厳《きび》しさの中で辛抱《しんぼう》しあい、助けあって、今も避難所《ひなんじょ》生活を送っている人たちもいます。

被災《ひさい》した人々を助けようと、国内各地や世界各国からも激励《げきれい》の手紙や支援物資《しえんぶっし》や募金《ぼきん》活動などの救援《きゅうえん》活動が行われました。

全国から、多数のボランティァの皆《みな》さんの献身的《けんしんてき》な活動がありました。

若い人たちの参加も目立っていました。

同じように、中学生である若《わか》い世代の皆《みな》さんも、このことに学び、ボランティアの心を育ててください。

ここで、ボランティア活動について考えてみましょう。

「ボランティア」という言葉は「ボンタレス」というラテン語の「自由意志《いし》」という意味からきています。

そして「ボランティアの心」には次のような意味が含《ふく》まれています。

一、ボランティア活動は、自由な活動であり、他から強制《きょうせい》されたり、義理《ぎり》やつき合いでやるものではありません。

二、ボランティア活動は、他の人の幸せのため、広く人のため、社会全体が喜んで認《みと》める活動で、正しい活動です。

三、ボランティアの大きな特徴《とくちょう》は、活動により、お金などのお礼を期待《きたい》したり、求めたりしないことです。

ボランティア活動は、あくまで自発的《じはつてき》に活動し、人々に役立ち、喜んでもらう活動です。

活動することによって　自《みずか》らも喜びを感じる豊《ゆた》かな心の状態《じょうたい》をいいます。

すべての人々が、生きる命の尊《とうと》さを共に大切にして、守りあい、共に生きるために、そして子どもたちや、お年寄《よ》り、障害《しょうがい》をもっている人々、被災《ひさい》して困《こま》っている人々が安心して生活できるために、少しでも手伝いができるようにボランティアの心を育ててください。

地球環境《かんきょう》について学ぼう

地球に生かされているわたしたちは、太陽の光や熱、大気や水や土などの恵《めぐ》みを受けて生活しています。太陽の光や熱、大気や水や土などのはたらきかけを「環境《かんきょう》」といいます。「地球環境《かんきょう》」「自然環境《かんきょう》」ともいいます。

しかし、その地球環境《かんきょう》に大きな変化がみられるようになりました。北極《ほっきょく》や南極《なんきょく》の氷がとけて海水が増し、海岸に押《お》し寄《よ》せたり、大型台風、大雨、厳《きび》しい暑さ、干《かん》ばつなどの気候《きこう》の大きな変化や、動物や植物にも変化が見られるようになりました。

その原因《げんいん》は「地球温暖化《おんだんか》」にあるといわれます。人類は、火を使い、農業《のうぎょう》をはじめ、機械《きかい》を発明し、今ある便利な生活をきずいてきました。

しかし、その活動のエネルギーとして、石炭、石油、天然ガスなどを大量に使ってきました。

そこから出される二酸化炭素《にさんかたんそ》などのガスが大気中に増《ふ》えて、地球をあたため、「地球温暖化《おんだんか》」を招《まね》きました。温暖化《おんだんか》が進むと、もっと大きな変化が待っています。

Think Globally Act Locally

シンク　グローバリー　アクト　ローカリー

地球環境《かんきょう》を取り戻すために、「全世界の国々で考え、足元の地域《ちいき》から行動《こうどう》しよう」というスローガンです。

地球温暖化《おんだんか》を防《ふせ》ぐための国際《こくさい》会議で　世界の国々が力をあわせて取り組むことを決議しています。

そして世界の国々では、二酸化炭素《にさんかたんそ》を増《ふ》やさない方法や、石炭や石油に替《か》わる新しいエネルギーの開発《かいはつ》など、早く解決しなければいけない課題《かだい》として取り組まれています。

わたしたちの地域《ちいき》や家庭での「無駄《むだ》な電気を消そう」「水を節約《せつやく》しよう」「ゴミを少なくしよう」などの心がけが、エネルギーを節約し、二酸化炭素《にさんかたんそ》を少なくすることになります。

このような小さな行動が、地球温暖化《おんだんか》を防《ふせ》ぐ大きな力になります。

広い広い宇宙《うちゅう》の中で、地球だけに豊《ゆた》かな美しい自然があります。豊《ゆた》かな自然《しぜん》には生命が生まれ、育ちます。

かけがえのない地球の美しい自然が、いつまでも保《たも》ち続けられるように、わたしたちは地球環境《かんきょう》を大切にする努力を続けましょう。

タンポポのように明るく強く生きよう

「タンポポのように強く生きよう」など、弱い人に寄《よ》り添《そ》って生きる勇気や生きる力を、愛情《あいじょう》をこめてわかりやすく伝えようと、多くの詩を残している坂村真民《さかむらしんみん》さん。

坂村さんの詩に「タンポポの根のごとく花のごとく」という詩があります。

これから、新しい人生を歩む皆《みな》さんに、学問とは、新しい生き方とは、本当の幸福とは、など「生きる力」について語りかけていきます。

読んでみましょう。

タンポポの根のごとく花のごとく

多くの人がこの世に書き残したものを
われわれが学んできたのは
すべてこれ生き堪える力を
身につけるためだったのだ
新しい時代には
新しい生き方がある
それを過去の遺産から
学びとることが
本当の生きた学問なのだ
これから若い諸君の身にふりかかってくるであろう
いかなる試練にも困苦にも
打ち勝ち乗り越えてゆく力が

もっとも大切なものであって
わたしはそれを諸君に望み
諸君を送る言葉としたい

（中略）

声を合わせて歌おう
腕を組んで進もう
それが新しい時代に生きる
新しい者の姿だ

疎外感とか
孤独感とか
そのような言葉の魅力に
すぐに心酔するな

真の幸福は
疎外・孤独・絶望
そうした門を突破して
初めて開けてくるものだ

どこまでも誠意によって生き
要領によって生きようとするな
本ものと贋ものとを見分ける眼を養え
自己を閉ざしては駄目だ
強い連帯感のなかに生きてゆけ

愚痴を言うな
弱音を吐くな
勇気と正義をもって貫いてゆけ
ごまかしはすぐばれる

タンポポの根のごとく
踏みにじられても
食いちぎられても
芽を出し
花をつける
強さを持て
幸福をまき散らすというのが
タンポポの花ことばだが
自分の幸せを求めながら
人の幸せを考えてゆく
人間になれ
それをこのタンポポから学べ

（中略）

若い諸君よ
タンポポの根のごとく
強い力で生き堪え
タンポポの花のごとく
人生を美しく送ってくれ給え

『生きてゆく力がなくなる時』（坂村真民　柏樹社）より

少し長い詩ですが、何回も読んで理解してください。
どこまでも誠意をもって生きよ、勇気と正義をもって生きよ。
タンポポのように明るく強く生きよ、と教えています。

おわりに

若竹の伸びや日の恩土の恩

代表作『宮本武蔵《みやもとむさし》』など多くの著作《ちょさく》がある作家・吉川英治《よしかわえいじ》さんの句《く》です。

すくすくと伸《の》びている若竹《わかたけ》には太陽や大地の恵《めぐ》みのおかげがあると歌っています。

卒業を迎《むか》えた皆《みな》さんも、自らの成長を喜ぶとともに、ご家族、先生方をはじめ、お世話になっている皆《みな》さまへの感謝《かんしゃ》の気持ちを忘《わす》れてはいけません。

アメリカでは「卒業式」は「コメンスメント」ともいわれていて、「出発」や「門出」という希望に満ちた意味もあります。

中学校を卒業する皆《みな》さん、卒業おめでとう！

皆《みな》さんは巣立ちを待つ若鳥のようです。

まさに人生の春。

青春時代への旅立ちです。


夢と希望にチャレンジする皆《みな》さんの前途《ぜんと》には、厳《きび》しい試練やときには失敗の涙《なみだ》も待っているかもしれません。

くじけないで自分を信じ、力強く、たくましく進んでください。

そこには輝《かがや》かしい未来が待っています。

……太陽のように明るく温《あたた》かく燃《も》える心をもって
タンポポように美しく、強く生きる心をもって……

《参考文献》

『心に太陽を持て』山本有三　新潮文庫
『とべないホタル』小沢昭巳　ハート出版
『モモ』ミヒャエル・エンデ著　大嶋かおり訳　岩波書店
『天才の勉強術《べんきょうじゅつ》』木原武　新潮社
『徒然草（二）』第百九段　三木紀人編　講談社学術文庫
『飛べ！千羽づる　ヒロシマの少女　佐々木禎子さんの記録』
手島悠介　講談社
『生きてゆく力がなくなる時』坂村真民　柏樹社

卒業おめでとう

限《かぎ》りない可能性《かのうせい》を信じて
夢《ゆめ》と希望に向かって
たくましく進もう

はばたけ未来へ
前途《ぜんと》に幸《さち》あれ

著者プロフィール

銭谷 宥司（ぜにたに ゆうじ）／文

1937年　奈良県に生まれる
奈良学芸大学（現　奈良教育大学）卒業
大阪市立中学校校長、大阪市教育センター教育研究室室長を歴任
主な著書
『洞川むかし話』（2009年　天川を学ぶ会）
『いじめはいやだ』（2013年　文芸社）
『元気になーれ　いのちはぐくむ星　地球「アース」』（2017年　文芸社）
『令和のこどもたちに伝えたい奈良公園のシカの女王「白ちゃん物語」』（2019年　地域情報ネットワーク）

黒岩 多貴子（くろいわ たきこ）／絵

イラストレーター
中の島美術学院卒業
絵本・情報誌の表紙、挿絵イラスト、出版物装幀
広告、カレンダー、ステーショナリー等手掛ける
大阪、京都、東京で個展開催

笑顔輝け 中学生

2021年4月15日　初版第1刷発行

文　銭谷 宥司
絵　黒岩 多貴子
発行者　瓜谷 綱延
発行所　株式会社文芸社
〒160-0022　東京都新宿区新宿1－10－1
電話　03-5369-3060（代表）
03-5369-2299（販売）

印刷所　図書印刷株式会社

ISBN978-4-286-22451-0